Les Crimes de Dieu

Sébastien Faure

Copyright © 2020 par Sébastien Faure (domaine public)
Édition : BoD – Books on Demand, 12/14 rond-point des Champs-Élysées, 75008 Paris.
Impression : BoD - Books on Demand, Norderstedt, Allemagne
ISBN : 9782322241491
Dépôt légal : septembre 2020

Tous droits réservés

L'évolution religieuse

De multiples travaux scientifiques ont merveilleusement mis en lumière la théorie du transformisme, cette théorie qui constate ce fait que, dans la nature, rien n'est immobile ou immuable, que tout évolue, se modifie, se transforme. Il a paru intéressant à des esprits studieux de rechercher si cette loi d'évolution trouve son application dans le monde des idées et il semble d'ores et déjà établi que l'idée - comme la matière - traverse une incessante succession d'états et perpétuellement se métamorphose. Si l'on admet que l'idée n'est elle-même qu'un reflet interne de l'ambiance, qu'une adaptation au tempérament de chacun des sensations reçues, des impressions ressenties, dire que, dans l'a nature, tout se transforme, c'est, du même coup, avancer que l'idée - aussi bien que toute chose et de la la même façon - est soumise aux lois du transformisme. Mais comme, dans beaucoup d'esprits, il y a doute à l'égard des origines matérielles de toute idée, j'ai pensé qu'il y aurait utilité à contrôler l'exactitude de cette thèse qui assimile l'idée à l'être organisé, en appliquant à une idée donnée une rigoureuse observation et j'ai fait le choix de l'idée religieuse, tant à cause du rôle considérable qu'elle a joué dans le passé, que de la place par elle encore occupée dans nos préoccupations, qu'en raison du réveil clérical auquel nous assistons. Tout être organisé naît, se développe et meurt. Il s'agit de savoir si l'on rencontre dans l'idée religieuse trois phases : la naissance, le développement et la mort. Ces trois périodes formeront la division de mon sujet ; en conséquence, ma conférence comprendra trois parties :

      1.Naissance 2.Développement 3. Disparition de l'idée religieuse

      J'y ajouterai quelques rapides considérations d'ordre général et d'actualité.

      Des monceaux de livres ont été écrits sur l'origine des cultes et si l'on réunirait tous ceux qui ont pour objet la recherche des conditions et circonstances qui ont jeté sur notre planète l'idée de l'existence d'une ou plusieurs divinités, on pourrait en former aisément une des plus vastes bibliothèques connues. Sur ce point : "Où, quand, comment l'idée de Dieu s'est-elle présentée à l'esprit humain ?" les opinions sont multiples et contradictoires. En l'absence de documents précis, il n'y a, il ne peut y avoir que des hypothèses.

Voici celle qui me paraît la plus vraisemblable, et si je me hâte de déclarer qu'il ne s'agit ici que d'une hypothèse et d'une série de conjectures, il me sera permis néanmoins d'ajouter que la probabilité de ces conjectures et de cette hypothèse me frappe et, je l'espère, saisira votre raison. Le besoin de savoir, c'est-à-dire de comprendre, d'expliquer les phénomènes au sein desquels l'individu se meut ; le besoin de savoir, non pour le seul plaisir de science mais dans le but d'utiliser les forces qui l'entourent et de neutraliser celles qui menacent sa vie, ce besoin de savoir, on le trouve en vous, en moi, en nous tous. Il existe à des degrés divers, mais, peu ou prou, on le rencontre chez tous. Le développement incessant des connaissances humaines est une preuve suffisante que ce besoin n'est pas particulier à nos civilisations contemporaines. Les vestiges déjà fort anciens des premiers efforts réalisés par nos ancêtres en vue de connaître, prouvent que ce besoin remonte aux âges les plus reculés. Il est donc permis d'inférer de ces constatations que le besoin de savoir est inhérent à l'individu arrivé à un certain degré de développement. Ce besoin engendrant l'idée de Dieu, voilà l'hypothèse. Voici maintenant les conjectures expliquant fort plausiblement la genèse de cette idée. A l'origine, les phénomènes, petits ou grands, gardaient à l'égard des aïeux des allures de mystère. La nature impénétrée, n'ayant encore livré aucun de ses secrets, l'homme fut pendant des siècles comme un esquif ballotté par la tempête et impuissant à se guider. Cependant, vint une époque où la nécessité de chercher à se rendre compte se fit impérieusement sentir. L'Etre humain pouvait-il rester éternellement désarmé en face des forces naturelles, des éléments des fléaux ligués contre lui, des ennemis de toute nature coalisés contre son existence ? Il s'ingénia à trouver des explications nécessaires. Sa complète ignorance ne lui permettant pas de donner aux phénomènes observés une explication positive et vérifiable, il fut fatalement conduit à faire intervenir une pléiade d'acteurs surhumains auxquels il attribua prodigalement toutes les puissances.

Peuplée de bruit, de couleur, de formes, d'images et d'impressions variables à l'infini, son imagination devint le graduel réceptacle de mille et mille idées chaotiques bouleversées, contradictoires, dont tout son être fut la proie forcément docile. Dans le vent qui mugissait, dans la tempête qui grondait, dans la foudre qui éclatait, dans le soleil qui éclairait sa marche, dans la nuit qui l'enveloppait de ténèbres, dans la pluie qui tombait, notre ancêtre vit tantôt des Etres amis ou ennemis, tantôt la manifestation de malveillance ou de bonté d'autres Etres habitant des régions supérieures. Dieu fut donc, tout d'abord, la personnification des éléments et des phénomènes naturels, ou encore la matérialisation des causes renfermant ces phénomènes ou déchaînant ces éléments.

La succession des jours et des nuits, le cours des saisons inspirèrent aux hommes l'idée de temps. Hier, aujourd'hui, demain leur apparurent comme les trois termes du temps : le passé, le présent, l'avenir. Et comme, tandis que mouraient fatalement les individus, tandis que se succédaient les générations, le vent continuait à mugir, la tempête à gronder, la foudre à éclater, le soleil à luire, la pluie à tomber, ils conçurent des êtres vivant un temps considérable et peut être toujours, conséquemment doués d'immortalité. Dans leurs courses vagabondes au travers des steppes incommensurables, ils se firent une idée de l'espace sans borne et eurent l'impression de l'illimité dans l'espace comme dans le temps.

Naissance de l'idée religieuse

L'idée de Dieu, sous ce double rapport, devint le prolongement jusqu'à l'absolu des contingences observées, des relativités connues. Dans le soleil qui faisait mûrir les fruits, activait la végétation et emplissait de clarté sa grotte ou sa cahute, l'aïeul vit l'ami, le bienfaiteur, le Bien. Dans le froid qui arrêtait la pousse des plantes et engourdissait ses membres, dans la nuit qui peuplait sa caverne de fantômes ou de carnassiers avides de sa chair, bref dans tout ce qui menaçait ou supprimait son existence, il incarna l'ennemi, le Mal. Et c'est ainsi qu'il inventa l'Esprit du Bien et du Mal, des Divinités amies et ennemies, des Dieux de lumière et de ténèbres : Dieu et Satan. Encore une fois, rien ne prouve irréfutablement que les choses se soient passées ainsi ; mais il est permis de l'admettre, parce que, si nul document décisif ne vient à l'appui de cette série d'hypothèses, rien non plus ne vient en démontrer l'inexactitude ou confirmer une autre série de suppositions. Au besoin je pourrais invoquer les deux considérations que voici en faveur de mon hypothèse.

Vous n'ignorez pas qu'il existe sur certains territoires de la planète des êtres qui par leur type, leur conformation, leurs habitudes, la situation géographique des régions qu'ils habitent, leur langage, leurs tendances, font revivre à nos yeux les époques depuis longtemps disparues. Or, le récit des voyageurs qui ont visité ces contrées dénommées sauvages et vécu plus ou moins longtemps au sein de ces civilisations primitives est conforme en tous points à l'opinion que je viens d'émettre touchant à l'apparition de l'idée de Dieu, et les premières formes qu'elle a revêtues. Seconde considération : vous savez aussi que l'enfant reproduit, avec une surprenante rapidité il est vrai, mais assez exactement, tous les anneaux de la chaîne ancestrale. Eh bien 1 voyez l'enfant : il est ignorant, et pourtant tourmenté de curiosité ; il est crédule, épris du merveilleux et tout enclin, soit à forger de toutes pièces, aussitôt que travaille sa turbulente imagination, des êtres surhumains soit à voir dans les éléments qui l'entourent ces êtres eux-mêmes.

Dès lors, est-il déraisonnable de penser qu'au cours de ses premiers siècles, à l'époque de son enfance, l'humanité ait procédé de même ? Ils se trompent donc ou plutôt ils vous trompent impudemment les imposteurs de toutes les religions qui prétendent que Dieu créa l'homme à son image. Nous voyons clairement à présent que, tout au contraire, c'est l'ignorance humaine qui donna naissance aux Dieux et les créa à l'image de l'individu lui-même.

Oui, l'homme créa Dieu à son image, dotant les Dieux de tous les attributs dont l'idée lui était venue par la constatation de ses propres forces et de ses propres faiblesses, des qualités et de ses défauts, accordant aux uns la bonté, attribuant aux autres la méchanceté, auréolant ceux-ci de lumière, condamnant ceux-là à se mouvoir dans l'obscurité, les plaçant tous dans des conditions données de temps et de lieu, mais envisageant toutes ses Divinités à travers le verre grossissant de son imagination ignorante et, par suite, poussant jusqu'au delà de l'observé, du vécu, les attributs de toute nature gratuitement concédés à ces fils de son cerveau.

Développement de l'idée religieuse

On conçoit sans peine que l'idée de Dieu -tout d'abord purement spéculative -ne devait pas, ne pouvait pas tarder à se prolonger dans le domaine social. Admettre l'existence d'une Divinité, c'est reconnaître la nécessité des liens qui unissent la créature au Créateur et la religion (censure, relier) n'est autre chose qu'un ensemble de croyances et de pratiques, reliant l'homme à Dieu, stipulant les droits de cci et les devoirs de celui-là. Dès l'origine, l'idée de religion rencontre l'idée de supériorité s'incarnant dans les biceps les plus robustes.

Les tribus primitives étaient en état perpétuel de guerre. Mais les guerriers comprirent vite que leur force musculaire n'aurait qu'un temps, qu'ils n'auraient pas toujours vingt-cinq à~ trente. ans, que de plus jeunes viendraient et les remplaceraient. Et pour conserver sa suprématie, l'autorité vu: coup de poing accepta avec empressement le concours de l'autorité morale, cette force nouvelle. La coalition était fatale. Elle se produisit. C'est sous la forme du Dieu des armées qu'elle se manifesta. On vit une poignée de combattants soutenus par le fanatisme faire mordre la poussière à une armée entière, folle de terreur; parce que les oracles consultés s'étaient prononcés contre elle. Le pilote, à son tour, invoqua le Dieu des tempêtes, le laboureur le Dieu des moissons, et il y eut bientôt une multitude de dieux et de demi-dieux se combattant dans leurs manifestations.

Mais le besoin de savoir rongeait l'esprit humain. Des penseurs étaient nés qui crurent avec raison que la toute-puissance ne pouvait se diviser, qu'il ne saurait y avoir conflit, rivalité entre les tout-puissants. Et le monothéisme sortit sous la poussée de ces observations. Le christianisme fit son apparition. A ses débuts, ce fut un courant populaire, une lutte des faibles contre les forts, et si nous voulions établir un parallèle entre l'époque où Jésus-christ, né dans une étable, de parents pauvres, pauvre lui-même, choisissait douze apôtres parmi les plus pauvres, prêchait avec eux en faveur des déshérités; et l'époque que nous traversons aujourd'hui où des hommes à la parole ardente demandent plus de bien-être, plus de justice, plus d'égalité, il nous serait possible d'en démontrer l'analogie frappante.

Durant plus de deux siècles, le christianisme poursuivit son oeuvre populaire, poussent les opprimés à la révolte, faisant la guerre aux riches. Aussi voyait-on le patriciat romain donner en pâture aux fauves des milliers et des milliers de chrétiens. Mais des hommes se mêlèrent à ce mouvement qui lui imprimèrent une orientation nouvelle. Tirant parti du mysticisme de l'époque, comprenant que les temps du réalisme n'étaient pas encore venus, ils dépouillèrent insensiblement Jésus-christ de son humanité, le divinisèrent, le convertirent en un fondateur de religion nouvelle et, crédules, ignorants, fanatiques, les disciples de l'homme de Bethléem s'éloignèrent peu à peu des revendications immédiates et des préoccupations terrestres ; ils remplacent par la résignation et l'amour de la croix l'esprit de révolte qui les avait jusqu'alors animés ; ils n'aspirèrent plus qu'à un monde de béatitudes éternelles mettant en pratique cette parole de l'écriture attribuée à Jésus-christ : "Mon royaume n'est pas de ce monde".

Et lorsque Constantin s'aperçut que le christianisme, tueur de colères et fomenteur de soumissions, était de nature à consolider son pouvoir, il lui tendit la main et la paix fut faite. A partir de ce moment, l'idée chrétienne prit une extension extraordinaire, un développement vertigineux. Elle eut l'oreille des Grands, donna des conseils aux monarques. Devant elles les fronts les plus altiers se courbèrent. Du moment que la vie n'était qu'un court passage dans cette vallée de larmes qu'était la terre une seule chose importait : le salut de notre âme. Le progrès était retardé, la pensée enchaînée. Douter était un crime, aucune pénalité n'était assez sévère pour le réprimer.

On vit l'idée religieuse s'associer à tous les abus, à toutes les exploitations. Les papes dominent les rois ; les évêques commandent aux seigneurs. A la voix enflammée des Pierre l'ermite, des Saint-Bernard et des moines qui parlent au nom du Christ des millions de combattants s'ébranlent, au travers l'Europe en marche vers l'Orient, à la conquête du tombeau de Jésus et des terres qu'a foulées aux pieds le Messie. Des générations de fidèles couvrent l'occident de cathédrales magnifiques, de gigantesques basiliques. La musique, la poésie, la sculpture, le théâtre, la peinture, l'éloquence, la littérature, toutes les manifestations artistiques, pénétrées de catholicisme, retracent les grandes lignes de la Légende biblique. Les esprits sont sous le charme, les volontés sous le joug. L'humanité tremble ; elle adore... Dieu triomphe ! C'est l'apogée.

Disparition de l'idée religieuse

Mais le besoin de savoir continue son oeuvre. A travers les siècles, les sciences ont progressé. Sorti de la longue et douloureuse période de tâtonnement, l'esprit humain commence à s'orienter résolument vers la lumière. D'audacieuses natures ont fièrement pris en main le flambeau de la raison. Les vaines explications d'antan ne suffisent plus à l'ardente curiosité de ces chercheurs. Ils secouent impatiemment le fardeau des superstitions. La physique, la chimie, l'histoire naturelle, l'astronomie expliquent en partie ces phénomènes qui remplissaient de crainte et d'admiration les ancêtres. Les vieilles traditions sont ébranlées. La lutte devient ardente entre ceux qui veulent savoir et ceux qui se cristallisent dans la foi. Le Dogme et la Raison mettent aux prises un Dieu sans philosophie et une philosophie sans Dieu. Les conceptions antiques de l'univers sont bouleversées de fond en comble. Les investigations des savants, secondées par de puissants appareils promenés à travers l'espace, mettent le monde terrestre en communication avec les lois de la mécanique céleste.

Les tendances matérialistes se font jour, s'affirment, se

développent, battant en brèche le spiritualisme enfantin et grossier des âges précédents. L'hypothèse Dieu est de plus en plus éloignée. Un Dieu qui recule cesse d'être Dieu. Un irrésistible courant entraîne vers l'athéisme nos générations désabusées. Plus un homme sait, moins il est disposé à croire, et on se demande comment nos générations hésitent encore à se débarrasser d'une foi qui s'en va. L'idée religieuse ne se maintient plus que par la force de la vitesse acquise. Il y également des impressions d'enfance dont on ne peut se débarrasser brusquement. Enfin, les idées et les croyances sont comme les vieilles amies avec lesquelles on a vécu trente quarante ans auxquelles mille souvenirs vous rattachent, et qu'on ne saurait abandonner brutalement. Il n'est donc pas extraordinaire que nous mettions tant de temps à nous laisser aller à la vie matérialiste. Mais, c'est indéniable, les dieux s'en vont, et nous en trouvons l'aveu sous la plume même de nos adversaires.

Derniers avatars du cléricalisme

Cette décrépitude de l'idée religieuse a produit deux avatars. Dans le domaine politique, c'est la réconciliation de la République avec l'Église, de toute nécessité monarchiste. Dans le domaine économique, c'est le socialisme chrétien. Sentant le terrain se dérober sous ses pas, l'Église a fait acte d'adhésion officielle à la République par l'organe du pape lui-même et nous trouvons dans l'élection de Brest un curieux exemple dans ce sens.

Dans ce pays essentiellement monarchiste, deux candidats étaient en présence : le comte de Blois, partisan du trône et de l'autel, et l'abbé Gayraud, partisan de l'autel seulement. C'est ce dernier que, de toutes ses forces et ouvertement, le clergé a soutenu. N'est-ce pas là une concession faite par l'Église qui, se sentant périr, a mis sur sa face un masque républicain? Cette conversion ne peut être sincère, puisque l'Église admet un Dieu devant la volonté duquel tout doit s'incliner et que le Pouvoir doit venir d'en haut, alors que la République entend la volonté de tous exprimée et le pouvoir venant d'en bas.

Non content de, se faire républicain, le Pape a arboré à sa tiare une cocarde socialiste. Voilà ce que nous ne saurions supporter. Qu'il vous plaise à vous, cléricaux, d'entrer dans la République et que les républicains vous y admettent, tant pis pour eux ! Mais que vous émettiez la prétention de résoudre la question sociale, nous ne vous le permettrons pas. Qu'avez-vous fait durant les longs siècles de votre domination exclusive ? Vous

vous êtes alliés aux patrons, aux nobles, aux rois. Vous vous êtes faits les complices de toutes les iniquités, de toutes les exploitations. Et c'est aujourd'hui que vous n'êtes plus rien, que vous ne pouvez plus rien faire, que cette idée vous vient de vous intéresser aux vaincus de la lutte sociale ? Vous ne ferez rien, parce que vous ne pouvez rien faire.

J'irai plus loin. Vous n'avez pas le droit de tenter quoi que ce soit en ce sens. Tout ce qui existe est de par la volonté de Dieu. C'est parce que Dieu l'a voulu qu'il y a des pauvres et des riches, des exploités et des exploiteurs, que les uns meurent de faim alors que d'autres crèvent d'indigestion, et ce serait sacrilège à vous de vouloir y changer quoi que ce soit, criminel de vouloir corriger l'oeuvre du Créateur dont les desseins sont impénétrables. Nous avons le droit de nous plaindre : vous, le devoir de vous résigner, confus, chagrins, mais soumis !

Terrain d'entente

Il y a pourtant un moyen de nous entendre. Vous avez vous-même dit : "Les biens terrestres sont périssables et méprisables alors que les biens célestes seront une jouissance, un bonheur qui n'aura pas de fin". Eh bien, nous ne vous disputerons pas les seconds, mais laissez-nous les autres. D'autant qu'il nous sera facile de faire de la terre un paradis ; la haine fera place à la bonté et la vallée de tourments à un Eden. Et l'heure est venue de faire tout cela. Je dis aux républicains, aux socialistes : Prenez garde ! Ces hommes à qui vous avez enlevé la foi veulent avoir de légitimes satisfactions. Il ne leur faut plus de vagues promesses. Il leur faut des solutions immédiates. Plus vous attendrez, plus les solutions violentes s'imposeront.

De l'absurdité criminelle des religions

Qui sommes-nous ? D'où venons-nous ? Où allons-nous ? Et le monde qui nous entoure, d'où procède-t-il ? Le rigoureux enchaînement des faits dont la nature nous donne l'incessant et régulier spectacle, est-il résultat du hasard ou d'un plan magnifique sorti d'une intelligence infinie, servie par une volonté tout-puissante ?... Ces questions, d'une importance capitale, il y a des siècles que l'humanité se les pose. Suivant la réponse qu'on y fait, la vie est une quantité négligeable ou d'extrême importance.

Ces problèmes ne sont pas encore résolus et, peut-être une certaine obscurité planera-t-elle toujours sur ces questions. Toutefois, si la science n'est pas encore parvenue à dissiper toute hésitation sur cas divers pointe, elle a réussi à éliminer du nombre des conjectures que ne peut admettre la raison, l'hypothèse "Dieu" qu'avaient enfantée les époques reculées d'ignorance. L'état actuel de la science ne permet plus qu'aux esprits bourrus ou crédules de se réfugier dans la foi pour y trouver les données nécessaires à la solution de ces problèmes redoutables.

      Supposons que, par une de ces nuits superbes où le scintillement des étoiles ravit nos regards, deux personnages se promènent et échangent les impressions que leur suggère ce grandiose spectacle. Supposons que nos deux personnages soient un enfant et un prêtre. L'enfant est de cet âge ou l'esprit tourmenté par la curiosité ne cesse de faire jaillir des lèvres mille et mille questions. Il interroge le prêtre sur le comment et le pourquoi de ces splendeurs infinies qui roulent dans l'espace. Le prêtre lui répond ;

      "Mon enfant, tous ces mondes qui-provoquent justement votre admiration sont l'oeuvre de l'Etre suprême. C'est son infinie sagesse qui règle leur marche, sa toute-puissante volonté qui maintient l'ordre et assure l'harmonie dans l'univers. Nous aussi, nous sommes l'oeuvre de ce Créateur. Il a daigné nous faire connaître, par l'intermédiaire des êtres qu'il a choisis, les voies dans lesquelles il lui plût que nous marchions. Se conformer à ces voies, c'est le bien, la vertu. S'en éloigner, c'est le mal le péché. La vertu prépare une éternelle béatitude, le péché [entraine le] châtiment. Révélateur et Providence, tel est ce Dieu à qui nous devons tout". Mais voici que survient un troisième promeneur. Celui-là est un matérialiste un athée un penseur, libre. Il prend part à la conversation. Il réplique à l'enfant que l'ordre qui règne dans la nature est le résultat des forces qui régissent l'ensemble des êtres et des choses. Il affirme que Dieu n'est qu'une invention sortie de l'imagination ignorante de nos ancêtres; qu'il n'y a pas de Providence, etc. La discussion qui s'élève alors entre le croyant et l'athée n'est que le résumé des ardentes controverses que soulève depuis des siècles la question religieuse.

      C'est de cette discussion que ma conférence se propose de condenser en plaçant sous les yeux de mon auditoire toutes les pièces du litige. Au cours de cette discussion, je m'efforcerai d'établir 1. Que l'hypothèse "Dieu" n'est pas nécessaire; 2. Qu'elle est inutile; 3. Qu'elle est absurde; 4. Qu'elle est criminelle. Les deux premiers points se rattacheront plus spécialement au Dieu-Créateur; le troisième au Dieu-Rédempteur et le quatrième au Dieu-Providence.

L'hypothèse "dieu" n'est pas nécessaire

Les preuves en faveur de lois régissant les rapports de toutes choses et mourant simultanément, l'autonomie de chaque être et la dépendance mutuelle ou la solidarité (l'harmonie) dans l'ensemble, ces preuves sont de nos jours si abondantes et si décisives que les plus croyants des croyants eux-mêmes ont renoncé à le contester.

Mais avec cette souplesse de dialectique qui le caractérise et qui a donné naissance à une casuistique spéciale, l'Esprit religieux se réfugie derrière le raisonnement que voici "Il y a des lois naturelles auxquelles obéissent les monde éparpillés dans l'espace. Soit. Mais qui dit Loi dit Législateur. De plus, le législateur doit être revêtu d'une puissance supérieure et antérieure aux forces que sa loi soumet. Il existe donc un Législateur suprême". Il faut avouer que bon nombre de personnes ont cru voir dans cette argumentation une considération décisive en faveur de l'hypothèse "Dieu" proclamée ainsi nécessaire.

L'erreur de ces personnes est explicable aisément. Elle provient de cette analogie que d'habiles sophistes cherchent à créer entre les lois naturelles qui régissent la matière et les lois humaines. Le raisonnement de ces casuistes est le suivant "Les lois qui régissent les sociétés humaines ont nécessité l'intervention du législateur. Ceci et cela s'impliquent fatalement. En conséquence, l'existence des lois qui gouvernent les astres et les planètes comporte rigoureusement l'existence d'un Législateur suprême, supérieur et antérieur à ces lois et c'est ce Législateur que nous appelons Dieu". Eh bien ! cette analogie est radicalement erronée.

Il n'y a aucune similitude entre les lois naturelles et les lois humaines. Première différenciation. Les lois naturelles sont extérieures (antérieures et postérieures) à l'humanité. On sait et on conçoit que bien avant l'apparition sur notre globes des premières formes humaines, les lois de la mécanique céleste s'appliquaient à notre planète et à tous les corps gravitant dans l'espace. On sait et on conçoit également que, s'il advient que par une cause quelconque, les conditions d'existence nécessaires à l'espèce humaine disparaissent de la terre que nous foulons aux pieds, les astres et notre petite planète elle-même continueront leur évolution séculaire sans que la plus légère modification y soit apportée. Tandis que les lois humaines sont - le mot l'indique - inhérentes à l'humanité. Ce sont des législations, c'est-à-dire un ensemble de prescriptions et de défenses formulées par des humains.

Deuxième différenciation. Les lois naturelles ont un caractère de constance d'immuabilité. C'est la caractéristique de toutes les lois touchant à la physique, à la chimie, à l'histoire naturelle, à la mathématique. Toutes au contraire des précédentes, les lois humaines - parce que faites par des humains qui passent et applicables à des êtres qui passent aussi - sont essentiellement transitoires, fugitives et même contradictoires. Troisième différentiation. Les lois naturelles ne supportent aucune infraction. L'infraction serait le miracle et il est prouvé que le miracle n'existe pas, ne peut pas exister. Par contre, les codes humains sont à tout instant violés. Les forces sociales, police, gendarmerie magistrature, etc, attestent que nombreuses sont les infraction que subit la Législation humaine.

Quatrième différenciation. Les lois naturelles enregistrent les faits sans les déterminer. Le pilote, par exemple, consulte la boussole et ce n'est point pour obéir à ses injonctions, mais parce qu'elle agit selon sa nature, que l'aiguille aimantée, en se dirigeant sensiblement vers le nord, permet au navigateur de s'orienter. Tandis que les lois humaines réglementent les faits sans, le plus souvent les enregistrer ou en tenir compte. C'est ainsi que, sans tenir compte des désirs qui nous mouvementent, des impulsions qui nous animent en vertu de l'irrésistible loi d'attraction des deux sexes entre eux, le législateur humain réglemente les rapports sexuels, les classifie en permis et en défendus, les catégorise en légitimes et illégitimes. On pourrait ajouter encore à cette liste des contradictions ou différences qui existent entre les lois naturelles et les lois humaines. Les précédentes suffisent et permettent de conclure que l'analogie à l'aide de laquelle on cherche à jeter la confusion dans les esprits est absolument inexacte et que les conséquences qu'on veut en tirer sont de tous points inadmissibles.

Donc, considérée à ce point de vue, l'hypothèse d'un "Dieu" - législateur suprême n'est pas nécessaire. "Mais alors objectent les Déistes, comment expliquer l'Univers ? Dites-nous tout d'abord qui a fait la matière et ensuite d'où lui viennent ces forces qui la mouvementent et maintiennent les corps en équilibre dans le temps et dans l'espace ?".

Qui a créé la matière

Et tout d'abord, qui a crée la matière ? Voici ma réponse Par l'imagination tracez une ligne indéfinie à travers l'espace. Essayez d'en mesurer la longueur. Épuisez-y la langue de la mathématique. Additionnez des centaines de milliards à des milliards de milliards. Multipliez ce formidable total par une somme mille milliards de fois plus fabuleuse. Dites-moi si vous parviendrez à pouvoir fixer l'étendue de cette ligne imaginaire à travers l'espace ? Pouvez-vous dire : "Voici le point A d'où elle part ; voici le point B où elle aboutit" ? Non, vous ne le pouvez pas. L'espace est sans limite, et, dans tous les coins et recoins de cet incommensurable espace, on rencontre la matière à un état quelconque gazeux, liquide ou solide. La matière est donc partout.

Cet "illimité" dans l'espace implique "l'illimité" dans le temps. Tous les "sans bornes" sont solidaires. Et de fait, tirez dans les siècles qui forment le passé une ligne imaginaire. Prolongez-la dans les successions des âges qui constituent l'avenir. Là encore, ajoutez les uns aux autres les chiffres les plus fantastiques. Pouvez-vous, remontant le cours des âges, trouver le point de départ, le principum, l'origine ? Pouvez-vous, descendant les siècles, en arriver à leur consommation définitive? Non. La matière est donc non seulement partout, mais toujours.

Ces qualités d'"indéfini" on les retrouve encore dans toutes les autres propriétés de la matière : le volume par exemple. Supposez un volume colossal de matière. Vous sera-t-il raisonnablement permis de prétendre qu'il faut en rester là ? qu'on ne peut rien y ajouter ? Faites maintenant l'opération inverse : divisez une partie en cent, en mille, en un million de parties. Serez-vous parvenus à l'extrême limite de cette divisibilité ? Ne pourrez-vous plus fractionner ? ...

Donc, pas de limite non plus dans la divisibilité de la matière. En conséquence, à cette première question : "Qui a fait la matière ?" je réponds que cette question n'aurait de raison d'être que s'il était possible d'assigner à cette matière une origine, un commencement, une borne. Or, il est constaté que cette assignation est impossible. Dès lors, point n'est besoin de recourir à une conjecture à laquelle on attribuerait un rôle qui n'est pas nécessaire. A ce point de vue encore, l'hypothèse "Dieu" n'est pas nécessaire.

L'hypothèse "dieu" est inutile

Les constatations qui précèdent ont acquis aujourd'hui une force telle et se sont si bien généralisées que les Déistes n'osent plus s'inscrire ouvertement en faux contre elles. Mais ce serait mal les connaître que de s'imaginer qu'ils désarment pour cela. "Eh bien ! soit !" disent-ils.

"L'espace et le temps sont illimités. Nous vous accordons également que le mouvement est partout. Mais ce mouvement lui-même, d'où vient-il ? Quelle est la puissance qui l'a incorporé dans la matière ? Cette puissance qui non seulement mouvemente les corps, mais encore ordonne harmonieusement au mouvements voilà ce que nous appelons Dieu. Les corps ne se sont pas Impulsés tout seuls. Il a bien fallu que l'élan leur soit donné; la force communiquée. Ce coup de pouce initial mettant en branle tous les mondes, ne faut-il pas qu'un Etre quelconque l'ait donné ?". C'est toujours le séculaire querelle entre spiritualistes et matérialistes qui, sous une forme légèrement rajeunie, se reproduit ici.

D'où vient le mouvement

Croyant que, de par sa nature, la vile matière est inerte, les Déistes avancent que si on l'aperçoit mouvementée - ce qui est indéniable - c'est qu'une énergie extérieure à la matière à l'origine, y a pénétré, s'y est installée et lui a impulsé la force qui lui faisait défaut. Or, rencontre-t-on dans la nature un seul phénomène qui soit à même de donner quelque valeur à cette opinion ? Absolument aucun ; et toutes les observations qu'on fait tendent à affirmer que le mouvement est une des propriétés inhérentes à la matière et matière lui-même. On a beau explorer l'espace, sonder les profondeurs de l'océan ou fouiller les entrailles du sol, non seulement on rencontre partout la matière, mais on la trouve constamment mouvementée.

Ce caractère d'universalité de la force dans l'espace suffirait à nous permettre de conclure à l'immanence de cette force dans le temps. Cette immanence des milliers et des milliers de constatations viennent l'établir. La théorie de l'évolution consacre le transformisme incessant de la matière ; elle repose sur les métamorphoses ininterrompues que subissent les êtres et les choses ; elle sert à expliquer le perpétuel devenir. Cette modification sans arrêt, cette succession d'états aussi lente que certaine, n'est-ce pas l'irréfragable preuve de la continuité du mouvement, l'attestation sans réplique de la présence du mouvement dans les âges les plus reculés, comme la certitude de la même présence dans les avenirs les plus lointains ?

Qui ne connaît le principe auquel, en mécanique, on a donné le nom de "persistance de la force" ? Qui ne sait que la force, le mouvement jamais ne disparaissent, jamais ne diminuent ; qu'il y a simplement mutation, c'est à dire changement dans la nature et les effets du mouvement, mais que, s'il est ici chaleur, la lumière, ailleurs électricité, le mouvement tout entier se transmet en dépit des aspects divers sous lesquels il se révèle, mais encore une fois, jamais ne subit la plus minime diminution.

C'est l'application au mouvement de cette vérité en chimie : "Rien ne se crée, rien ne se perd". Conséquemment, on peut affirmer que le mouvement est une propriété de la matière; qu'on ne peut concevoir celle-ci sans celui-là et que s'il est impossible d'assigner à la matière un commencement, il est non moins impossible d'assigner au mouvement une origine, puisqu'on ne peut pas plus observer la matière sans mouvement que le mouvement sans matière ; qu'ainsi, enfin, considérée comme ayant imprimé à la matière, par le coup de pouce initial, le mouvement originel, l'hypothèse "Dieu" n'est d'aucune utilité.

L'ordre dans l'univers

Quant à ce que notre entendement appelle 'l'ordre et l'harmonie dans l'Univers'. La succession régulière des jours, des nuits des saisons, la répétition prévue des mêmes phénomènes, la constatation des mêmes effets faisant suite aux mêmes causes, en un mot l'observation toujours identique à elle-même de ronchonnement rigoureux et méthodiques des mêmes faits: voilà ce que nous appelons l'ordre. Tout changement, toute infraction à ces sortes de règles issues de la multiplicité et de la constance de nos constatations personnelles et des observations générales constitue le désordre.

En un mot, ordre et désordre étant deux tertres dont la signification est exclusivement subjective, est considéré comme ordre tout ce qui est conforme aux notions que nous nous sommes faites ou que l'on nous a inculquées ; est considéré comme désordre tout ce qui y est contraire. En conséquence, l'harmonie que nous remarquons dans le cosmos procède de notre esprit. Et ces admirables qualités d'ordre qui nous suspendent en Contemplation devant la régularité de l'agencement universel, c'est notre intellect qui a eu la générosité d'en doter la nature. L'ordre le désordre sont des choses qui intrinsèquement n'existent pas. Dans les mondes solaires qui emplissent l'espace, il n'y a ni ordre ni désordre ; il y a purement et simplement des corps, qui en raison de leur volume, de leur densité, de leurs propriétés respectives et de leur distance se meuvent dans des conditions toujours les mêmes qu'il nous a été donné d'observer.

De sorte qu'il n'a d'ordre dans le Grand Tout que celui que notre entendement y a introduit. Le facteur de l'ordre, de l'harmonie, ce ne serait donc pas Dieu, ce serait l'homme !

L'hypothèse "dieu" est absurde

Forts de ce que la science est loin d'avoir tout expliqué et s'imaginant que en dehors de la conjecture dune création, les origines du monde restent obstinément impénétrables, les croyants ont recours, pour expliquer ces origines, à l'hypothèse d'un Etre éternel dont la Toute-puissance aurait tout crée.

Il faut s'entendre tout d'abord sur la valeur de cette expression religieuse créer. Créer, ce n'est pas prendre un ou plusieurs éléments déjà existants et les coordonner ; ce n'est pas assembler des matériaux et les disposer d'une certaine façon. L'horloger, par exemple, ne crée pas une montre ; l'architecte ne crée pas une maison. Créer, c'est donner l'existence à ce qui n'existe pas, c'est tirer du néant c'est faire quelque chose de rien.

Eh bien ! l'hypothèse d'une création quelconque est une pure absurdité. Car il est inadmissible que de rien on puisse tirer quoi que ce soit ; et le célèbre aphorisme formulé par Lucrèce : "Ex nihilo nihil" est et reste l'expression d'une invincible exactitude. Si donc la matière n'a pu être tirée du néant c'est qu'elle a toujours existé, et dans ce cas, il faut se demander, dans l'hypothèse d'un Etre créateur, où se trouvait cette matière.

Elle ne pouvait être qu'en lui ou hors de lui. Dans le premier cas, Dieu cesse d'être un pur Esprit : la matière était en lui ; elle résidait dans son Etre ; elle faisait partie intégrante de sa personnalité ; comme lui, elle est éternelle, infinie, toute-puissante, car l'Absolu ne comporte et ne peut comporter aucune contingence, aucune relativité. Conséquemment, la matière est son auto créatrice et l'hypothèse d'une immatérialité ayant extrait d'elle-même des éléments matériels devient stupide.

Dans le second cas, c'est-à-dire si la matière n'était pas en Dieu, mais hors de lui, elle lui était coexistante. Elle n'a plus d'origine que lui ; elle est comme lui, de toute éternité ; dés lors, elle n'a pas été créée et la conjecture d'une création devient absurde. Dans les deux cas, c'est l'incohérence, la déraison ! Mais où l'absurdité de la création chrétienne éclate d'une façon peut-être plus tangible parce qu'elle se présente a nous sous une forme moins abstraite, c'est dans la Révélation.

La révélation

L'idée d'une création appelle fatalement celle d'une Législation suprême et l'idée d'une Législation suprême implique nécessairement celle d'une inévitable sanction.

Cela est si exact qu'il n'est pas une seule religion qui ne comporte à la fois des prescriptions et des défenses constituant la loi de Dieu, et un système de récompenses et de châtiments destinés à sanctionner cette loi. Il faut ajouter que, pour s'ériger en Juge suprême, il devient nécessaire que le Maître nous fasse connaître sa Loi, afin que nous sachions ce qu'il faut faire pour mériter la récompense, ce qu'il faut éviter pour fuir le châtiment. La Révélation, c'est l'acte par lequel le Créateur, principe de toute Justice et de toute Vérité, nous aurait fait connaître sa Loi. Il serait servi, à titre d'intermédiaires, des Etres de prédilection : prophètes et apôtres que la religion chrétienne nous présente comme inspirés de Dieu. C'est donc par la bouche de ces personnages inspirés que le Verbe divin se serait fait entendre, et c'est dans les Écritures dites Saintes que serait consignée la Révélation.

Eh bien ! que nous enseignent les Écritures touchant les origines du monde en général et de l'homme en particulier ? Elles nous enseignent des choses que l'ignorance de nos pères a pu prendre pour des vérités, mais qu'il n'est plus permis de croire aujourd'hui, tellement elles sont en désaccord avec les affirmations de la science contemporaine... Elles nous enseignent que, sortant brusquement de sa séculaire inaction, le nommé Dieu eut la fantaisie de donner naissance à ce qui existe déjà et créa le tout en six jours.

A quel moment l'Éternel a-t-il fait cet ouvrage ? Quand s'est-il abaissé, comme dit Malebranche, jusqu'à daigner se faire créateur ? A un moment donné du temps. Voila ce qu'affirment toutes les Genèses ce qu'impliquent d'ailleurs le mot et l'idée de création. Alors Dieu se serait donc croisé les bras pendant toute l'éternité antérieure ?

Mais qu'est-ce qu'un éternité coupée en deux ? Comment admettre le grand géomètre dormant toute une première éternité, puis s'éveillant tout à coup pour évoquer du néant cet univers absent jusqu'alors, pour remplir et peupler le vide insondable pour donner à cette mort universelle la vie universelle ?

La contradiction est flagrante. l'Etre nécessaire n'a pu rester un seul moment inutile. L'Etre actif et éternel n'a pu manquer d'agir éternellement. Il faut donc admettre un monde éternel comme le créateur. Mais en admettant cette coexistence, on avoue que l'Univers n'a point été créé, que la création est un non-sens, une impossibilité. Les Écritures placent le déluge 700 ans après la création et 3700 ans avant la naissance de Jésus-christ, dont 1900 ans nous séparent. De l'addition de ces trois chiffres, il résulte que la création remonterait à 6300 ans. Tel est l'extrait de naissance qu'il a plut au Très-Haut de délivrer à son oeuvre et de nous communiquer par la révélation.

Or, il est établi par des calculs rigoureusement exacts que les bouleversements géologiques qui ont révolutionné notre propre planète remontent à des milliers et à des centaines de milliers de siècles. Qui ne sait, par exemple, qu'une de nos plus hautes futaies actuelles ne produisant, réduite en houille, qu'une mince couche de 15 millimètres, on a calculé que, pour former des strates profondes d'un bassin houiller comme celui du Northumberland, il n'a pas fallu moins de neuf millions d'années ? Et pourtant la formation houillère n'est qu'une des cinq ou six grandes périodes qui ont précédé l'époque historique, l'apparition de l'homme sur la terre.

Quant à cette dernière époque, les preuves abondent qu'elle remonte à plusieurs milliers de siècles. On a, dans maints endroits, recueilli des ossements humains enfouis à des profondeurs considérables à côté de silex, de poteries et d'autres objets mêlés à des restes de grands pachydermes. Il devient évident, par le calcul de proportion, que l'homme, contemporain des éléphants et des rhinocéros, existait déjà il y a prés de trois cent mille ans.

Parlerai-je de cette ridicule légende d'Adam et d'Ève dans le paradis terrestre, en état de parfaite félicité, frappés subitement de déchéance pour avoir enfreint la défense de goûter au fruit défendu ? Parlerai-je de Josué arrêtant le soleil ? Parlerai-je de Jonas séjournant trois jours dans le ventre d'une baleine, alors qu'il est démontré que l'oesophage de cet animal ne permet pas le passage d'un corps humain ? Parlerai-je de la traversée à pied sec de La Mer Rouge ? Parlerai-je ? Non ! c'est trop ridicule. L'absurdité est trop flagrante. Quelle posture pour un Dieu, pour le principe et la source de toute vérité et de toute science, que cet étalage de stupidités, cet amoncellement de mensonges ou d'erreurs ! N'insistons pas.

L'hypothèse "dieu" est criminelle

Les considérations qu'il me reste a développer se rattachent à Dieu Providence. On nomme Providence le gouvernement du monde par le Dieu qui l'a crée. Il saute aux yeux qu'un tel gouvernement, exercé par un Etre qui prévoit tout, qui sait tout, qui peut tout, ne devrait supporter aucun désordre, aucune insubordination. Or, le mal existe : mal physique et mal moral et l'existence du mal est radicalement inconciliable avec celle d'une Providence.

La providence et le mal

Nous souffrons de l'intempérie des saisons, de l'éruption de volcans, des tremblements de terre des tempêtes, des cyclones, des incendies, des inondations, des sécheresses, de la famine, des maladies, des fléaux, des blessures, des douleurs, de la mort, etc., etc. C'est le mal physique. Nous sommes témoins ou victimes d'innombrables injustices, violences, tyrannies, spoliations meurtres, guerres. Partout la fourberie triomphe de la sincérité l'erreur de la vérité, la cupidité du désintéressement. Les sciences, les arts, quel usage en font les gouvernements, sortes de providences terrestres ? Les font ils servir à la paix au bien-être à la félicité générale. L'histoire, pleine de crimes atroces et d'effroyables calamités, n'est que le récit des malheurs de l'humanité. C'est le mal moral. Le mal, d'où sort-il ?

Si l'on admet l'existence de Dieu, on admet du même coup que tout ce qui existe procède de Lui. C'est donc Dieu, cet Etre de vérité qui a engendré l'erreur ; c'est Dieu, ce principe de Justice qui a donné naissance à l'Iniquité ; Dieu, cette source de toute Bonté quia enfanté le Crime ! Et c'est ce Dieu centre et foyer de la douleur et de la perversité, que je devrais respecter, servir, adorer? .. Le Mal existe, nul ne peut le nier. Eh bien ! de deux choses l'une : ou bien Dieu peut supprimer le mal, mais il ne le veut pas ; dans ce cas, sa puissance reste entière, mais, s'il reste puissant, 'il devient méchant, féroce, criminel ; ou bien Dieu veut supprimer le mal, mais il ne le peut pas et alors, il cesse d'être féroce, criminel, mais il devient impuissant.

Ce raisonnement a toujours été et sera à tout jamais sans réplique.

Le concept et le sentiment que nous avons de l'Equité ne nous disent-ils pas que quiconque voit se commettre sous ses yeux une action coupable, et pouvant aisément l'empêcher, la laisse s'accomplir, devient complice de cette action, et devient criminel au même titre que celui qui l'a perpétrée ? Ce Dieu, qui étant donné son omnipotence pourrait empêcher sans effort le mal et ses horreurs et qui n'intervient pas, ce Dieu est criminel, il est d'une férocité sans bornes. Que dis-je ? Lui seul est féroce, lui seul est criminel. Puisque seul il est capable de vouloir et de pouvoir ; seul il est coupable et doit assumer toutes les responsabilités.

Dieu et la liberté humaine

Il est vrai qu'avec cette souplesse qui caractérise l'esprit religieux et à l'aide de ces sophismes captieux qui ont fait de la race des prêtres les casuistes les plus dangereux les Déistes objectent que le mal n'est pas le fait de leur Dieu, mais celui de l'homme à qui, dans sa souveraine bonté, Dieu aurait concédé cet attribut : la liberté, afin que, capable de discerner le bien du mal et de se déterminer en faveur du premier plutôt que du second, l'homme fût justiciable de ses actions et connût la récompense ou la peine attachée à la pratique du bien ou du mal. Cette objection est sans valeur.

Et tout d'abord, si nous supposons un instant que Dieu existe, et qu'il a daigné nous gratifier de la liberté, on ne saurait méconnaître que, cette liberté nous venant de lui, c'est elle qui, par l'action, s'affirme dans le mal comme dans le bien. Peut-on expliquer que, de cette parcelle de liberté arrachée à l'Etre souverainement libre, un aussi méchant usage soit fait sans que la liberté divine ait contenu, à l'état potentiel -telle la semence contient la moisson - cette récolte de turpitudes, de bassesses, de souffrances ? Si le mensonge, l'ignorance, la méchanceté, le crime proviennent de cette liberté dont Dieu nous a gratifiés, Dieu lui-même est menteur, ignorant, méchant et criminel.

Mais concilier ces deux choses : l'existence de Dieu et la liberté humaine est impossible. Si Dieu existe, lui seul est libre. L'être qui dépend partiellement d'un autre n'est libre que partiellement ; celui qui est sous l'entière sujétion d'un autre ne jouit d'aucune liberté. Il est le bien, la chose, l'esclave de ce dernier. Dés lors, si Dieu existe, l'homme n'est plus que le jouet de son caprice, de sa fantaisie. Celui à qui rien n'échappe de nos intentions non plus que de nos actions, Celui qui tient en réserve des tortures sans fin prêtes à punir le téméraire qui violerait ses prescriptions ou ses défenses. Celui qui, plus rapide que la foudre peut nous frapper de mort à toute heure, à toute seconde, Celui-là seul est libre, parce que seul il propose et dispose. Il est le maître ; l'homme est son esclave.

En tous cas, que dire de la sauvagerie de ce Juge qui prévoyant tous nos agissements et ceux-ci arrivant fatalement, conformément à la prescience divine, fait pleuvoir sur nous des torrents de feu et nous précipite dans l'éternel séjour des tourments inexprimables pour châtier une heure d'égarement, une minute d'oubli ? De tous les tortionnaires, ce juge est le plus implacable, le plus inique, le plus cruel !

Les crimes de la religion

Étonnez-vous ensuite du mal que les religions ont à l'humanité, des supplices dont elles ont peuplé la terre! Criminelle au point de vue métaphysique, l'idée de Dieu l'est encore plus - si possible - au point de vue historique. Car Dieu, c'est la religion.

Or, la religion, c'est la pensée enchantée. Le croyant a des yeux et il ne doit pas voir ; il a des oreilles et il ne doit pas entendre ; il a des mains et il ne doit pas toucher ; il a un cerveau et il ne doit pas raisonner. Il ne doit pas s'en rapporter à ses mains, à ses oreilles, à ses yeux, à son intellect. En toutes choses, il a pour devoir d'interroger la révélation, de s'incliner devant les textes, de conformer sa pensée aux enseignements de l'orthodoxie. L'évidence, il la traite d'impudence blasphématoire, quand elle se pose en adversaire de sa foi. La fiction et le mensonge il les proclame vérité et réalité quand ils servent les intérêts de son Dieu.

Ne tentez pas de lui faire toucher du doigt l'ineptie de ses superstitions, il répliquera en vous fermant la bouche, s'il en a la force, en vous injuriant lâchement par derrière s'il est impuissant.

La religion prend l'intelligence à peine éveillée de l'enfant, la façonne par des procédés irrationnels, l'acclimate à des méthodes erronées et la laisse désarmée en face de la raison, révoltée contre l'inexactitude. L'attentat que le Dogme cherche à accomplir contre l'enfant d'aujourd'hui, elle l'a consommé durant des siècles contre l'humanité-enfant. Profitant, abusant de la crédulité, de l'ignorance de l'esprit craintif de nos pères, les religions - toutes les religions - ont obscurci la pensée, enchaîné le cerveau des générations disparues.

La religion, c'est encore le progrès retardé

Pour celui qu'abêtit la stupide attente d'une éternité de joies ou de souffrances, la vie n'est rien. Comme durée, elle est d'une extrême fugitivité, vingt, cinquante, cent ans n'étant rien auprès des siècles sans fin que comporte l'éternité. L'individu courbé sous le joug des religions va-t-il attacher quelque importance à cette courte traversée à ce voyage d'un instant ? Il ne le doit pas. A ses yeux la vie n'est que la préface de l'éternité qu'il attend ; la terre n'est que le vestibule qui y conduit. Dès lors, pourquoi lutter, chercher, comprendre, savoir ? Pourquoi tant s'occuper d'améliorer les conditions d'un si court voyage ? Pourquoi s'ingénier à rendre plus spacieux, plus aéré, plus éclairé ce vestibule, ce couloir où l'on ne stationne qu'une minute ? Une seule chose importe : faire le salut de son âme, se soumettre à Dieu.

Or, le progrès n'est obtenu que par un effort opiniâtre ; celui-ci n'est réalisé que par qui en éprouve le besoin. Et puisque bien vivre, satisfaire ses appétits, diminuer sa peine, accroître son bien-être, sont choses de peu de prix aux regards de l'homme de foi, peu lui importe le progrès ! Que les religions aient pour conséquences l'enchaînement de la pensée et la mise en échec du progrès, ce sont des vérités que l'histoire se charge de mettre en lumière, les faits venant ici confirmer en foules les données du raisonnement. Peut-on concevoir des crimes plus affreux ? ....

Et les guerres sanglantes, qui au nom et pour le compte des divers cultes, ont mis aux prises des centaines, des milliers de générations, des millions et des centaines de millions de combattants ! Qui énumérera les conflits dont les religions ont été la source ? Qui formulera le total des meurtres des assassinats, des hécatombes, des fusillades, des crimes dont le sectarisme religieux et le mysticisme intolérant ont ensanglanté le sol sur lequel se traîne l'humanité écrasée par le tyran sanguinaire que les castes sacerdotales se sont donné la sinistre mission de nous faire adorer ?

Quel incomparable artiste saura jamais retracer, avec la richesse de coloris suffisante et l'exactitude de détails nécessaire, les tragiques péripéties de ce drame dont l'épouvante terrifia durant six siècles les civilisations assez déshéritées pour gémir sous la domination de l'Église catholique, drame que l'histoire a flétri du nom terrible d' "Inquisition" ? La religion, c'est la haine semée entre les humains, c'est la servilité lâche et résignée des millions de soumis; c'est la férocité arrogante des papes, des pontifes, des prêtres.

C'est encore le triomphe de la morale compressive qui aboutit à la mutilation de l'être : morale de macération de la chair et de l'esprit, morale de mortification, d'abnégation, de sacrifice ; morale qui fait à l'individu une obligation de réprimer ses plus généreux élans, de comprimer les impulsions instinctives, de mater ses passions, d'étouffer ses aspirations ; morale qui peuple l'esprit de préjugés ineptes et bourrelle la conscience de remords et de craintes ; morale qui engendre la résignation, brise les ressorts puissants de l'énergie, étrangle l'effort libérateur de la révolte et perpétue le despotisme des maîtres, l'exploitation des riches et la louche puissance des curés. L'ignorance dans le cerveau, la haine dans le coeur, la lâcheté dans la volonté, voilà les crimes que j'impute à l'idée de Dieu et à son fatal corollaire la religion.

Tous ces crimes dont j'accuse publiquement, au grand jour de la libre discussion, les imposteurs qui parlent et agissent au nom d'un Dieu qui n'existe pas, voilà ce que j'appelle "les Crimes de Dieu", parce que c'est en son mon qu'ils ont été et sont encore commis, parce qu'ils ont été et sont encore engendrés par l'Idée de Dieu.

Conclusion

L'heure est décisive. Sous l'oeil bienveillant du Ministère que nous subissons, le réveil clérical s'accentue. Les bataillons noirs s'agitent. L'Église tente un effort suprême ; elle livre bataille, tous ses soldats debout et toutes ses ressources déployées. A cette armée de fanatiques, opposons un front de bataille compact et énergique. Il ne s'agit point ici de l'avenir d'un parti ; c'est l'avenir de l'humanité, c'est le nôtre qui est en jeu.[...] Depuis trop longtemps, l'humanité s'inspire d'un Dieu sans philosophie ; il est temps qu'elle demande sa voie à une philosophie sans Dieu. Serrons nos rangs, camarades ! Luttons, bataillons, dépensons-nous. Nous rencontrerons, sur notre route, les embûches, les attaques soudaines ou prévues des sectaires. Mais la grandeur et la justesse de l'Idée que nous défendons soutiendront nos courages et nous assureront de la victoire.